BEI GRIN MACHT SICH IH
WISSEN BEZAHLT

- Wir veröffentlichen Ihre Hausarbeit,
  Bachelor- und Masterarbeit

- Ihr eigenes eBook und Buch -
  weltweit in allen wichtigen Shops

- Verdienen Sie an jedem Verkauf

Jetzt bei www.GRIN.com hochladen
und kostenlos publizieren

Tobias Klaas

Widersprüche im Denken und Wollen

Die vier Beispiele nach der Naturgesetzformel in Kants "Grundlegung zur Metaphysik der Sitten"

GRIN Verlag

Bibliografische Information der Deutschen Nationalbibliothek:

Die Deutsche Bibliothek verzeichnet diese Publikation in der Deutschen National-
bibliografie; detaillierte bibliografische Daten sind im Internet über http://dnb.d-
nb.de/ abrufbar.

Impressum:

Copyright © 2012 GRIN Verlag GmbH
Druck und Bindung: Books on Demand GmbH, Norderstedt Germany
ISBN: 978-3-656-32823-0

Dieses Buch bei GRIN:

http://www.grin.com/de/e-book/205674/widersprueche-im-denken-und-wollen

Universität Trier

Fachbereich I – Philosophie

Modul: Transzendentalphilosophie – Kant: Vorgänger und Nachfolger

Proseminar: Kants Grundlegung zur Metaphysik der Sitten

Wintersemester 2011/2012

Widersprüche im Denken und im Wollen - Zur erneuten Klärung der vier Beispiele nach der Naturgesetzformel in Kants „Grundlegung zur Metaphysik der Sitten"

16.04.2012

Tobias Klaas

NF: Philosophie

INHALTSVERZEICHNIS

1. WOLLEN UND DENKEN - EIN BEGRIFFSPROBLEM

Mit seiner „Grundlegung zur Metaphysik der Sitten" (GMS) eröffnete Immanuel Kant im Jahr 1785 seine Philosophie der Ethik. Dreh- und Angelpunkt dieser Schrift ist der berühmte „kategorische Imperativ". Dieser macht Kants Ethik, wenn dies auch oft falsch verstanden wurde, zu einer deontologischen Ethik. Im Rahmen der synthetischen Vorgehensweise im zweiten Kapitel kommt es zu einer ersten Abwandlung in der Formulierung des kategorischen Imperativs, der Naturgesetzformel, an welche vier Beispiele zur genaueren Einteilung derselben anknüpfen.

Die Stimmigkeit dieser vier Beispiele ist bis heute zu recht sehr umstritten. Diese Arbeit stellt einen erneuten Versuch der Klärung dieser Beispiele dar. Für Kant ist klar, dass man Handlungsmaximen - kurz gesagt vom Willen ihm selbst auferlegte Prinzipien -, damit dessen entspringende Handlungen wahrhaft moralisch sein können, also „aus Pflicht" geschehen, als allgemeines Gesetz „wollen können"[1] muss. Dies bildet die minimale Voraussetzung für eine Maxime, um als moralisch zu gelten, er nennt Maximen, die „nur" diese erfüllen, unvollkommene Pflichten. Die vollkommenen Pflichten müssen zusätzlich nicht einmal gedacht werden können.[2]

Je zwei der vier Beispiele beschreiben diese beiden Formen der Pflichten, jeweils eins für eine Pflicht gegen uns selbst und eins gegen andere. Da auch für diese Beispiele, die deontologische Ethik greifen und nicht etwa der Vorwurf des versteckten Utilitarismus für wahr befunden werden muss, steht und fällt die Naturgesetzformel mit den Begriffen *„Wollen-können"* und *„Denken-können"*. Das Hauptziel wird also deren Klärung sein. Dabei wird zuerst eine kurze Hinführung durch die GMS bis zu diesem Punkt gegeben. Im Anschluss, um das eigentliche Problem aufzuzeigen, soll der Begriff der „deontologischen Ethik" und grundlegend Kants Begriffe des „Willens" und der „Maxime" geklärt werden. Um die Grundlage für die spätere Neudeutung der Beispiele zu geben, ist es unerlässlich, danach Kants Begriffe von „Natur" und „Freiheit" und deren Zusammenhang zu klären, bevor dann die eigentlichen Beispiele und die Unterschiede in den Begriffen *„denken"* und *„wollen"* behandelt werden.

---

[1] Kant (1903), S. 424.
[2] ders., S. 424.

3

2. DIE ERNEUTE KLÄRUNG DER KANTISCHEN BEISPIELE

2.1 DIE HINFÜHRUNG ZUR NATURGESETZFORMEL

Das erste Kapitel beginnt mit Kants berühmter These, es sei „überall nichts in der Welt, ja überhaupt auch außerhalb derselben zu denken möglich, was ohne Einschränkung für gut könnte gehalten werden, als allein ein guter Wille."[3] Von dieser These des guten Willens aus verfährt er auf analytischem Wege und stellt zuerst den Willen als praktische Vernunft dar. Er kommt dann zum Begriff der Pflicht und unterscheidet in diesem Zusammenhang zwischen drei verschiedenen Handlungen: nicht-pflichtgemäße, pflichtgemäße und Handlungen aus Pflicht. Nur letztere stellen eigentlich moralische Handlungen dar, wenngleich erst im Folgenden das Gesetz vorgestellt wird, dem die Handlungen gemäß sein sollen.

Um klarzustellen, dass nicht konkrete Handlungen an sich gemeint sind, sondern sich Kants Moralphilosophie in der GMS auf einer rein theoretischen und vor allem allgemeinen Ebene bewegt, führt er den Begriff der Maxime ein, als „das subjektive Prinzip des Wollens"[4]. Diese selbst auferlegten Maximen müssen nach Kant, um moralisch sein zu können, dem kategorischen Imperativ gemäß sein, der in seiner ersten Form gebietet, „ich soll niemals anders verfahren als so, daß ich auch wollen könne, meine Maxime solle ein allgemeines Gesetz werden."[5]

Von diesem aus verfährt Kant umkehrt, also synthetisch, und prüft dessen Möglichkeit überhaupt. Nach einer Kritik der populären Moralphilosophie schließt eine Einteilung des Begriffs Imperativ in hypothetisch und kategorisch an, doch zuerst wird nur eine Erklärung für die Möglichkeit hypothetischer Imperative gegeben.

Im Anschluss daran wird eine erste Umformulierung des kategorischen Imperativs vorgenommen, die sogenannte Naturgesetzformel, und lautet nun: „handle so, als ob die Maxime deiner Handlung durch deinen Willen zum allgemeinen Naturgesetze werden sollte."[6] Daran anschließend formuliert Kant vier Beispiele, je zwei für vollkommene und zwei für unvollkommene Pflichten, einmal gegen uns selbst, einmal gegen andere.

---

[3] Kant (1903), S. 393.
[4] ders., S. 400.
[5] ders., S. 402.
[6] ders., S. 421.

2.2 KANTS DEONTOLOGISCHE ETHIK

Bevor auf die einzelnen Beispiele eingegangen wird, ist es wichtig zu klären, dass Kant mit seinem kategorischen Imperativ nicht etwa eine konsequentialistische Ethik verfolgt, es geht nicht um Mittel-Zweck-Relationen, diese wären nach Kant den hypothetischen Imperativen zuzuordnen. „Wer den Zweck will, will (sofern die Vernunft auf seine Handlungen entscheidenden Einfluss hat) auch das dazu unentbehrlich notwendige Mittel, das in seiner Gewalt ist."[7] Nun sind für ihn hypothetische Imperative aber nur „Regeln der Geschicklichkeit, oder Ratschläge der Klugheit", doch nie „Gebote (Gesetze) der Sittlichkeit"[8]. Auch distanziert er sich von einer teleologischen Ethik mit ihrer Grundidee von dem Menschen naturgegebenen Zielen und zu erreichenden Zwecken. Kant verfolgt vielmehr eine deontologische Ethik, es geht ihm nicht um den Zweck der Handlung an sich, sondern einzig darum, dass die Maxime dem Gesetz gemäß ist. Nur die formale Struktur der Maxime ist also entscheidend, taucht nach der Verallgemeinerung der Maxime ein Strukturwiderspruch auf, ist sie nicht moralisch. Für die unvollkommenen Pflichten wird diese Tatsache das entscheidende Problem sein, und der Grund aus dem Kant oft versteckter Utilitarismus vorgeworfen wurde.[9]

2.3 KANTS WILLENS- UND MAXIMENBEGRIFF

Wie bereits angerissen wurde, nimmt der Wille in Kants Ethik eine entscheidende Rolle ein. Während der Wille in der vorkantischen Ethik zum Großteil als determiniert betrachtet und nur am Rande behandelt wurde, führt Rousseau ihn als autonom ein.[10] Kant übernimmt diese Einschätzung und macht sie zum Grundpfeiler seiner Ethik. Der Wille ist für ihn „nichts anderes als die praktische Vernunft selbst"[11], eine Tatsache in Kants Begrifflichkeit, die an späterer Stelle hier von entscheidender Bedeutung sein wird. Damit ist der Wille auch in der Lage, sich selbst Gesetze aufzuerlegen[12]. Das Einzelergebnis dieser Selbstgesetzgebung nennt er „Maxime", sie ist „das subjektive Prinzip des Wollens". Als solche meint eine Maxime aber noch keine konkrete Handlung, sondern den Gedanken aus dem Handlungen entspringen sollen. Sie ist außerzeitlich zu betrachten, als das bloße Konstrukt für folgende Handlungen. Als solche weist sie eine Prinzipstruktur auf,

---

[7] Kant (1903), S. 417.
[8] ders., S. 416.
[9] Schöndorf (1985), S. 549.
[10] vgl. Thies (2006), S. 555.
[11] ders., S. 555.
[12] vgl. Kant (1903), S. 402.

wenn dies auch nicht bedeutet, dass die entspringenden Handlungen *notwendig* keine Ausnahmen zuließen.

2.4 NATUR UND FREIHEIT

Um verstehen zu können, welchen Unterschied Kant zwischen den beiden Formen der Pflicht vor dem „allgemeinen Naturgesetze" meint, muss geklärt werden welche Gemeinsamkeiten und Unterschiede er in den Begriffen „Natur" und „Freiheit" sieht. Dazu muss ein Exkurs in den dritten Teil der GMS vorgenommen werden. Er beginnt dieses Kapitel mit folgendem Satz:

> „Der *Wille* ist eine Art von Kausalität lebender Wesen, sofern sie vernünftig sind, und *Freiheit* würde diejenige Eigenschaft dieser Kausalität sein, da sie unabhängig von fremden sie *bestimmenden* Ursachen wirkend sein kann; so wie *Naturnotwendigkeit* die Eigenschaft der Kausalität aller vernunftlosen Wesen, durch den Einfluß fremder Ursachen zur Tätigkeit bestimmt zu werden."[13]

Es wird hier zuerst der Begriff des Willens als eine Form von Kausalität aufgegriffen, anzutreffen – und das ist entscheidend – im *vernünftigen Wesen*. Der Begriff der Freiheit ist hierzu die Bedingung. Das ganze Kapitel ist ein Versuch, die Freiheit des Willens und damit der Vernunft zu beweisen, wenngleich er zu dem Schluss kommt Freiheit sei nur eine Idee der Vernunft und objektiv zweifelhaft[14] und man, „wie Freiheit möglich sei, niemals begreifen könnte."[15] Die Willensfreiheit wird letztendlich also ,nur' negativ bewiesen: die Freiheitsthese tritt in keinen Widerspruch zur Argumentation und muss als notwendige Bedingung der Möglichkeit zur Moralität angenommen werden. Es stellt sich die Frage der Freiheit wovon und die einzige Antwort kann lauten: Freiheit vom Naturdeterminismus. Natur oder „Naturnotwendigkeit", wie Kant es ausdrückt bedingt eine Kausalität durch „fremde Ursachen", gültig für vernunftlose Wesen. Die Vernunft ist also in gewissem Sinne isoliert zu betrachten, wenngleich das vernünftige Wesen „sich wie ein Phänomen in der Sinnenwelt (welches er wirklich auch ist) wahrnimmt"[16]. Um diesen Widerspruch aufzulösen stellt er die Begriffe *Ding in der Erscheinung* und *Ding an sich selbst* gegenüber und behauptet, es enthielte nicht den mindesten Widerspruch, dass das vernünftige Wesen als ersteres betrachtet der Naturkausalität und als letzteres der Vernunft und damit der Willenskausalität unterlegen sei.[17] Das

---

[13] Kant (1903), S. 446.
[14] vgl. ders., S. 455.
[15] ders., S. 456.
[16] ders., S. 457.
[17] vgl. ders., S. 457.

vernünftige Wesen wäre also demnach sowohl ein determiniertes als auch ein freies Wesen, determiniert in seiner Erscheinung in der Sinneswelt, frei in seiner Vernunft. Warum dies aber wichtig, sogar entscheidend für die früher auftretenden Beispiele der Naturgesetzformel ist, soll nun verdeutlicht werden.

2.5 Die Pflichten in ihrer Unterscheidung – Ursprung der Triebfeder

Wenn Kant über Pflichten spricht, meint er damit, dass nach der Verallgemeinerung einer zu prüfenden Maxime innerhalb dieser kein struktureller Widerspruch im Denken auftreten darf. Würde eine Denkunmöglichkeit auftreten, dürfte die Maxime nicht nur nicht vollkommen sondern nicht einmal moralisch genannt werden. Dennoch würde das Auftreten eines solchen Widerspruchs nicht bedeuten, dass die dieser Maxime gemäße Handlung nie stattfinden könnte. Im Einzelfall wäre jede sinnvolle Maxime möglich, auch in vielen Einzelfällen. Worum es geht, ist die uneingeschränkte theoretische Verallgemeinerung, also eine Gültigkeit, ein Weiter-bestehen-können für alle zukünftigen Fälle und alle vernünftigen Wesen.

Nun wird an diesem Punkt Kant ein inkonsequenter Sprachgebrauch im Begriff des *Nicht-denken-könnens* unterstellt. Wie bereits eingehend thematisiert, ist die Moralität einer Maxime an nicht auftretende Widersprüche innerhalb ihrer eigenen Struktur gebunden. Ein auftretender logischer Widerspruch kann aber nach Kants Terminologie nicht gedacht werden, was das Problem des *Nicht-wollen-könnens* im Zusammenhang mit dem Begriff der Pflicht aufwirft.

Nun taucht die zweite Formulierung des Sittengesetzes und deren Einbezug des Wortes ‚Naturgesetz' nicht nur zur schärferen Verdeutlichung der Allgemeingültigkeit auf, auch nicht bloß als „notwendiges symbolisches Medium der Darstellung des Sittengesetzes"[18], wie Heiner Bielefeldt schreibt. Kant setzt hier eine Vorannahme voraus, welche erst im dritten Teil geklärt wird, den oben beschriebenen Zusammenhang zwischen Natur und Freiheit, bzw. die Tatsache, dass er die Freiheit der Vernunft, also auch die des Willens als praktische Vernunft, als gegeben betrachtet. Dies aber würde eine ‚Denkunmöglichkeit' in der Naturordnung von einer ‚Denkunmöglichkeit' im Willen, innerhalb der Vernunft, voneinander trennen. Unter dieser Annahme wäre eine Kategorisierung der vier Beispiele als Negativbeispiele für *Pflichten* keine große Schwierigkeit mehr, denn es müsste keine Unterscheidung verschiedener Widerspruchsarten mehr angestellt werden.

---

[18] Bielefeldt (2001), S. 57.

Dies scheint mir auch nicht möglich zu sein, denn Kant unterscheidet zwar grundsätzlich die drei Arten von Entgegensetzungen, welche schon in der Syllogistik formuliert wurden, doch lässt er nur für eine den Ausdruck „Widerspruch" zu, das wäre die logische oder analytische.[19] Es wäre eine andere Unterscheidung zwischen vollkommenen und unvollkommenen Pflichten gemacht, die der fehlenden oder gesetzten Denkunmöglichkeit innerhalb der bloßen Naturordnung. Die erneute Analyse der Beispiele unter diesem Gesichtspunkt muss also folgenden Ansprüchen genügen:

1. Es muss in allen vier Beispielen ein logischer Widerspruch gezeigt werden.
2. Der Widerspruch muss mit der Verallgemeinerung der Maxime auftreten.
3. Die Maximen in den Beispielen für vollkommene Pflichten müssen eine Naturordnung an sich verunmöglichen.
4. Die Maximen in den Beispielen für unvollkommene Pflichten müssen eine Naturordnung weiter bestehen lassen können, eine Vernunft an sich dahingegen verunmöglichen.

2.5.1 DER SELBSTMORD AUS LEBENSÜBERDRUSS

„Einer, der durch eine Reihe von Übeln, die bis zur Hoffnungslosigkeit angewachsen ist, einen Überdruß am Leben empfindet, ist noch so weit im Besitze seiner Vernunft, daß er sich selbst fragen kann, ob es auch nicht etwa der Pflicht gegen sich selbst zuwider sei, sich das Leben zu nehmen."[20]

Sehen wir uns zuerst die Struktur der Maxime genauer an: Die Triebfeder der Handlung ist die Selbstliebe, denn nach Kant macht diese Person es sich „aus Selbstliebe zum Prinzip, wenn das Leben bei seiner längeren Frist mehr Übel droht, als es Annehmlichkeit verspricht, es [...] abzukürzen."[21] Der Zweck liegt demnach also in der Abwendung von Übel, das Mittel wäre der Selbstmord.

Höffe bemerkt dazu: „Sich aus Lebensüberdruß das Leben zu nehmen heißt, es aus Selbstliebe bzw. aufgrund von Unlustempfindung zu tun."[22] Nun aber, so führt er weiter aus, ist „die Unlustempfindung [...] das Gefühl eines Mangels, verbunden mit dem Bedürfnis, den Mangel zu beheben und den Lustzustand zu erreichen."[23] Das

---

[19] vgl. Wolff (2010), S. 40.
[20] Kant (1903), S. 421 f.
[21] ders., S. 422.
[22] Höffe (1977), S. 374.
[23] ders., S. 374 f.

Gefühl eines Mangels wäre der „notwendige Stimulus, der zu jenen Handlungen antreibt, die zur Überwindung des Mangels führen."[24]

Kant setzt hier also voraus, dass die Selbstliebe in dieser Art definiert ist. Und nicht nur das: sie ist letztendlich auch die oberste und Leittriebfeder der Natur, so wie die oberste Leit-‚triebfeder' der Vernunft der Wille ist. Dies ist auch keine teleologische Annahme, sondern schlicht eine konsensuale empirische Beobachtung. Und diese Tatsache stellt auch kein Problem dar, denn die Forderung nach einer apriorischen Gewissheit die oberste Naturtriebfeder betreffend, wäre schon der Begrifflichkeit nach Nonsens – es gibt auf dieser Ebene schlicht keine Vernunft, die eine Triebfeder vor aller Erfahrung erkennen könnte. Der Instinkt steuert nach kausalen Zusammenhängen die Naturlebewesen und basiert letztlich einzig auf Selbstliebe, wie Kant sie definiert. Dass der Mensch auch von anderen Motiven (oder einem obersten anderen Motiv) gesteuert wird, widerlegt diese empirische ‚Annahme' nicht, sondern stützt das Gesamtbild vom Menschen als Natur- und Vernunftwesen nur weiter.

Ob man diese Definition von Selbstliebe annehmen muss, so bemerkt Höffe richtig, mag dahingestellt bleiben[25], auch wenn es schwer zu widerlegen sein dürfte, dass reine Instinkt- und damit Naturwesen (selbst wenn sie nur gedacht wären) nicht in letzter Konsequenz immer aus Selbstliebe handeln. Entscheidend ist die Methodik, welche dahintersteht. Der Widerspruch kommt nur unter dieser Annahme zustande, eine Annahme, die unabhängig ist von den „mehr oder weniger zufälligen momentanen Umständen und subjektiven Absichten"[26] und somit durchaus als plausibel und des Anerkennens würdig betrachtet werden darf. Sollte man hier eine treffendere Definition der Selbstliebe oder andere gleichwertige Naturtriebfedern finden, so würde dies höchstens dieses Beispiel als unzutreffend charakterisieren, nicht aber Kants Ethik selbst.

Zurück zum Beispiel müsste nun zur Prüfung der Maxime auf Moralität diese verallgemeinert, theoretisch zum allgemeinen Naturgesetz gemacht werden. Die Erlangung des Lustzustandes müsste also in jedem weiteren Fall durch den Selbstmord gegeben sein. Da über einen möglichen Lust- oder Unlustzustand nach dem Tod eines animalischen Wesens keine Aussage getätigt werden kann, Lust und Unlust sowieso Begriffe der empirischen Natur, also der empirischen Welt zugehörig

---

[24] Höffe (1977), S. 375.
[25] vgl. ders., S. 375.
[26] Höffe (1977), S. 374.

sind, kann von einem Lustgewinn im Tod nicht gesprochen werden. So wird klar, dass ein grundsätzliches, uneingeschränktes Selbstmordgebot zur Erreichung des Lustzustandes bei Unlustempfindung nicht nur der Vernunft an sich widerspricht, denn es würde die Vernunft selbst verunmöglichen, sondern auch eine Naturordnung an sich, selbst ohne das Auftreten der Vernunft. Dieser Denkwiederspruch macht die gegenteilige Maxime, sich also nie aus Lebensüberdruss, mit Selbstliebe als Triebfeder, das Leben zu nehmen, zu einer Pflicht.

Wichtig wird für die Unterscheidung der beiden Formen von Pflicht der angesprochene Ursprung der Triebfeder sein. In diesem Fall fußt sie in der Natur, denn die Triebfeder der Selbstliebe ist eine Motivation, die allen Naturwesen, auch den animalischen anhaftet, der Widerspruch in der Verbindung der Maxime mit dieser Triebfeder würde demnach den Teil des vernünftigen Wesen als *Wesen in der Erscheinung* verunmöglichen. Daraus folgt aber auch, dass die Selbstliebe eine Triebfeder der Vernunft darstellt, zumindest unter gänzlicher Ausklammerung eines möglichen Lustzustands nach dem Tod. Damit kann das *Wesen an sich* unmöglich die Zerstörung des *Wesens in der Erscheinung wollen* und es gälte dieselbe Definition von Selbstliebe, wie auch für eine Naturordnung. An dieser Stelle soll nun die Unterstellung des inkonsequenten Sprachgebrauchs Kants geklärt werden:

Denken ist eine Verstandesleistung, gehört also der Natur an. *Wollen* ist eine Leistung der Vernunft, also ein Begriff der Freiheit. Was in diesem Fall bei der Unterscheidung der beiden so große Schwierigkeiten bereitet, ist die Tatsache, dass Kant, wie schon erwähnt, unter einem logischen Widerspruch ein *Nicht-denken-können* versteht. Nun kann, wie gezeigt, obige Maxime nicht *gedacht* werden, sie widerspräche dem Denken, dem Verstand, dem Naturgesetz an sich.

Sie widerspräche aber auch der Vernunft, dem Sittengesetz, welches Kant zwar in seiner Struktur analog zum Naturgesetz, aber nicht als das Naturgesetz betrachtet. So kommt die ansonsten irrelevante Formulierung „zum allgemeinen Naturgesetze" zustande. Bielefeldt schreibt dazu, „die Form des ‚Als-Ob' macht deutlich, daß es sich bei dem ‚allgemeinen Naturgesetz' nicht um ein reales Naturgesetz handelt."[27] Doch „zugleich besteht zwischen Naturgesetz und Sittengesetz aber auch eine *Analogie*, die es ermöglicht, das erstere als Symbol des letzteren zu nehmen."[28] Das Sittengesetz wäre also, in Bezug zum Naturgesetz, das gleiche, aber nicht dasselbe.

---

[27] Bielefeldt (2001), S. 57.
[28] ders., S. 56.

Nun tritt im Widerspruch der Vernunft aber auch eine Art des *Nicht-denken-könnens* auf, und eigentlich müsste Kant diesen nutzen, da nur so sein Begriff des logischen Widerspruchs deutlich wird.

Warum er ihn trotzdem durch „*wollen"* ersetzt, wird klar, wenn man bedenkt, dass ansonsten die Unterscheidung zwischen Widerspruch in der Naturordnung und Widerspruch in der Vernunftordnung im Dunkeln bleiben würde. *Denken* gehört nicht der Vernunft an, wenngleich der Verstand grundlegendes Mittel zur Verknüpfung von *Wesen an sich* und *Wesen in der Erscheinung* bildet. Was der Vernunft zugehörig ist, ist der Wille. Vereinfacht gesagt: die Vernunft kann nicht *denken*, sie kann ‚nur' *wollen*. Höffe hat diesen Umstand bereits richtig herausgestellt und auch in den beiden letzten Beispielen einen Strukturwiderspruch entdeckt. Er schreibt zum *Wollen:*

> „Kant bestimmt den Willen als ‚ein Vermögen..., der Vorstellung gewisser Gesetze gemäß, sich selbst zum Handeln zu bestimmen' (Kant 1903, S. 427; vgl. ders., S. 412 f.). Ein solches Vermögen kommt nur vernünftigen Wesen zu (ders.). Diese Bestimmung impliziert nicht, daß es um rein vernünftige Wesen geht, wohl aber, daß bloße Naturwesen ausgeschlossen sind. Der Widerspruch ist im Begriff des Wollens als dem Charakteristikum eines praktischen Vernunftwesens zu suchen."[29]

So ist *Nicht-wollen-können* ein bloßer Begriff der Vernunft und kategorisiert die unvollkommenen Pflichten, ist aber zugleich immer mit dem Begriff des „*Denkens"* verbunden, da wir uns als *Wesen in der Erscheinung* des Verstandes bemächtigen müssen. Das macht das *Nicht-wollen-können* ebenso zu einem logischen Widerspruch, wie das *Nicht-denken-können*, man könnte sagen, Kant habe hier seinen Begriff des logischen Widerspruchs erweitert, indem er die Kausalität des Wollens in Analogie zur Kausalität des Denkens setzt, was klar erscheint, wenn man bedenkt, dass er diese Analogie ebenso zwischen Naturgesetz und Sittengesetz sieht. Deshalb kann Kant für die ersten beiden Beispiele, so auch dieses, davon sprechen, dass die „Maxime ohne Widerspruch nicht einmal als allgemeines Naturgesetz *gedacht* werden kann; weit gefehlt, daß man noch *wollen* könne, es *sollte* ein solches werden."[30]

---

[29] Höffe (1977), S. 380.
[30] Kant (1903), S. 424.

2.5.2 DAS UNWAHRE VERSPRECHEN

„Ein anderer sieht sich durch Not gedrungen, Geld zu borgen. Er weiß wohl, daß er nicht wird
bezahlen können, sieht aber auch, daß ihm nichts geliehen werden wird, wenn er nicht festiglich
verspricht, es zu einer bestimmten Zeit zu bezahlen."[31]

Auch in diesem Beispiel ist, wie Schöndorf richtig herausstellt[32] und Kant selbst
schreibt[33], die Triebfeder wieder die Selbstliebe (was klar erscheint, wenn man sie
als oberste Triebfeder annimmt). Der Zweck der Handlung ist die Beschaffung von
Geld zur Abwendung der Geldnot der betreffenden Person und das Mittel ist die
Lüge um die Rückzahlung. Wichtig ist in diesem Beispiel aber auch die Tatsache,
dass die Person weiß, dass sie nicht wird bezahlen können[34], anderenfalls wäre keine
bewusste Lüge im Spiel. Auch liegt Schöndorf hier richtig in seiner Kritik an
Kersting, indem er schreibt, dass es nicht um den auch ohne Verallgemeinerung
auskommenden Widerspruch im unehrlichen Versprechen an sich geht, wenngleich
er trotzdem auftritt. Wichtig ist, dass ein anderer Widerspruch zustande kommt, der
erst nach der Prüfung durch die Naturgesetzformel die Maxime als unmoralisch
kennzeichnet.

Da es sich um eine Pflicht gegen andere handelt, schließt die Verallgemeinerung hier
alle vernünftigen Wesen mit ein und genau dadurch wird das Prinzip
widersprüchlich: denn wenn jedermann in jedem zukünftigen Falle ein unwahres
Versprechen geben würde um sich Geld zu leihen, würde dies „das Versprechen und
den Zweck, den man damit haben mag, selbst unmöglich machen, indem niemand
glauben würde, daß ihm was versprochen sei"[35]. Es tritt also auch hier ein
struktureller Widerspruch auf, der zu einer Denkunmöglichkeit führt, welche auch
diese Maxime in ihrer Umkehrung zu einer Pflicht im kantischen Sinne macht.

Da wieder die Selbstliebe als Triebfeder auftritt und auch hier ein Mangel besteht,
der beseitigt werden soll, in diesem Fall der Geldmangel, kommen analog zum ersten
Beispiel die Widersprüche sowohl in der Natur als auch der Vernunft vor.

2.5.3 DIE VERWAHRLOSUNG DER TALENTE

„Ein dritter findet in sich ein Talent, welches vermittelst einiger Kultur ihn zu einer in allerlei
Absicht brauchbaren Menschen machen könnte. Er sieht sich aber in bequemen Umständen und
zieht vor, lieber dem Vergnügen nachzuhängen, als sich mit Erweiterung und Verbesserung seiner

---

[31] Kant (1903), S. 422.
[32] vgl. Schöndorf (1985), S. 559.
[33] vgl. Kant (1903), S. 422.
[34] vgl. ders., S. 422.
[35] Kant (1903), S. 422.

glücklichen Naturanlagen zu bemühen"[36]

Hier haben wir es nun mit dem ersten Beispiel für eine unvollkommene Pflicht zu tun. Höffe entdeckt hier einen Widerspruch in der Art, als dass man erst dann „von einem Überschreiten der bloßen Natur in die Dimension von praktischer Vernunft" reden kann, „wenn man weder ausschließlich jene Ziele verfolgen noch beim Zielverfolgen allein jene Mittel einsetzen kann, die durch die naturgegebenen Instinkte und Kräfte vorgezeichnet sind."[37] Würde das vernünftige Wesen also – und dies brächte die Verallgemeinerung mit sich – in jedem Fall dem „Hange zur Ergötzlichkeit"[38] frönen, so bedeutete dies im Klartext eine Entscheidung des vernünftigen Wesen für die Triebfedern der Natur und für den immerwährenden Vorzug dieser in allen Fällen, in denen sie der ‚Triebfeder‘ *Vernunft* gegenüberstünden. Da Vernunft aber, wie dargestellt, nicht selbst der Natur unterliegt, wäre eine Entscheidung für diese jederzeit eine freie.

Im Entscheidungsfall jederzeit die Selbstliebe (die Natur) zu wählen, hieße also, die praktische Vernunft jederzeit hinter die Natur zu stellen und damit den Willen an sich zu negieren. Ein Vernunftwesen kann deshalb diese Entscheidung in jeglichem Fall nicht *wollen können*, da ein solcher Wille jedes weitere *Wollen* verunmöglichen würde.

Damit diese Argumentation Bestand haben kann, muss aber auch ein Fehler in Schöndorfs Gegenargument gefunden werden. Dieses besteht zweifach, zum einen meint er, es dürfe gar keinen Strukturwiderspruch geben, denn „die Negation eines analytischen Satzes" führe „zu einem Selbstwiderspruch; ein Selbstwiderspruch kann aber nicht nur nicht gewollt, sondern nicht einmal gedacht werden."[39] Diese Argumentation ist bereits im Vorherigen detailliert besprochen worden und konnte entkräftet werden, weshalb hier nicht weiter auf sie eingegangen werden soll.

Sein zweites Argument, so schreibt er zu Höffe, betrifft dessen These, dass ein Mensch erst dann zu einem Vernunftwesen würde, wenn die Talente entfaltet sind.

> „Zur Entfaltung dieser Talente wäre aber aktuale Freiheit bereits erforderlich. Dies ist aber ein Widerspruch, dem auch nicht dadurch begegnet werden kann, daß man beides als gleichzeitig ansetzt, da die Entfaltung der Talente ein Vorgang ist, der Zeit benötigt."[40]

Genau dieses „gleichzeitige" Ansetzen kann und muss aber getan werden und widerspricht nicht der Möglichkeit der Freiheit. Denn erst in dem Moment, in dem

---

[36] Kant (1903), S. 422 f.
[37] Höffe (1977), S. 380.
[38] Kant (1903), S. 423.
[39] Schöndorf (1985), S. 563.
[40] ders., S. 565.

das Vernunftwesen praktische Vernunft walten lässt, ist Freiheit wirklich gegeben. Wenn die Freiheit und Vernunft nämlich in keinem Fall genutzt würden, so würden sie sich selbst die Möglichkeit für die eigene Existenz nehmen. Dies wäre im vernünftigen Wesen nicht möglich, weshalb der Widerspruch entstünde. Der Fehler, den Schöndorf hier macht, ist die zeitliche Ansetzung der Entfaltung der Talente. Der Zeitablauf muss in Kants Widerspruchsbegriff jederzeit ausgeklammert, darf nicht zum Kriterium gemacht werden. Man muss sich diesen Umstand (bezogen auf dieses Beispiel) so vorstellen, dass in dem Moment, in welchem das vernünftige Wesen sich die gegenteilige Maxime setzen würde, alle daraus entspringenden Handlungen (die also zur Entfaltung des Talents führen) bereits mitgedacht sind.

2.5.4 DIE UNTERLASSUNG DER HILFE

„Noch denkt ein vierter, dem es wohl geht, indessen er sieht, daß andere mit großen Mühseligkeiten zu kämpfen haben (denen er auch wohl helfen könnte): was geht's mich an? Mag doch ein jeder so glücklich sein, als es der Himmel will, oder er sich selbst machen kann, ich werde ihm nichts entziehen, ja nicht einmal beneiden; nur zu seinem Wohlbefinden oder seinem Beistande in der Not habe ich nicht Lust etwas beizutragen!"[41]

Nach der ausführlichen Behandlung des dritten Beispiels kann diese Ausführung kurz gehalten werden: wie Höffe richtig darlegt, kann ein Wesen nur dann in Not geraten, „wenn es kein reines Vernunftwesen, sondern in dem Sinn auch ein Naturwesen ist, [...] dem die elementar notwendigen Mittel der Bedürfnisbefriedigung auch einmal fehlen können."[42] Als ein solches Wesen (das Höffe an dieser Stelle „endliche[s] Vernunftwesen bzw. vernünftige[s] Bedürfnisswesen"[43] nennt) kennt es also den Begriff der *Not* und als Mittel dagegen den Begriff der *Hilfe*. „Diese Aspekte, die grundsätzliche Gefahr der Not und die gleicherweise grundsätzliche Fähigkeit zur gegenseitigen Hilfe, bedeuten, daß für endliche Vernunftwesen Hilfe in Not denkbar ist."[44] Nun ist der Zweck dieser Maxime die Erreichung lebenswichtiger Ziele, das *notwendige* Mittel die Hilfe.[45] Mit der Verweigerung der Hilfe für andere vernünftige Wesen würde aber ein Widerspruch der Art bestehen, als „daß man keine Naturordnung wollen kann, nach der ein Wille auf lebenswichtige Ziele aus ist und zugleich und grundsätzlich den

---

41 Kant (1903), S. 423.
42 Höffe (1977), S. 381.
43 ders., S. 381 f.
44 ders., S. 382.
45 ders., S. 383.

Weg ihrer Realisierung verweigert."[46] Auch in diesem Beispiel würde eine Vernunft sich somit mit dieser Maxime selbst widersprechen.

3. DENKWIDERSPRUCH UND WOLLENSWIDERSPRUCH

Schöndorf weist darauf hin zu bedenken, dass die Unmöglichkeit im Wollen

> „für einen vernünftigen, rational vorgehenden Willen gilt. [...] Wer von vornherein nur den logischen Widerspruch als rationale Unmöglichkeit ansehen will, muß sich darüber im Klaren sein, daß er Kants Position aus einer dogmatischen Vorentscheidung heraus angreift."[47]

Das Problem einer gewissen Inkonsequenz in Kants Definition des Begriffs ‚logischer Widerspruch' liegt weiter vor, was die Hauptschwierigkeit der Erklärung dieser Beispiele darstellt. Der logische Widerspruch tritt aber tatsächlich in allen Fällen auf, gesetzt der einzigen Annahme, dass das ‚endliche Vernunftwesen' in keinem Fall die totale Auslöschung seiner Vernunftseite wollen kann. Möchte man diese Möglichkeit bestehen lassen (und dies kann Schöndorf zu Recht als dogmatische Vorentscheidung bezeichnen), so wären die unvollkommenen Pflichten tatsächlich nicht mehr als Pflichten zu bezeichnen und Kants Ethik würde tatsächlich nur noch solche Maximen betrachten, die mit der Natur in Widerspruch stehen. Würden wir aber eine theoretische ‚Zerstörung' unserer Vernunft gelten lassen, so wäre die Frage nach Moralität redundant. Letztendlich kommt es nur darauf an, dass wir uns als zum Teil frei betrachten und nicht als gänzlich determiniert, denn nur in der Freiheit des Willens findet sich die Bedingung der Möglichkeit von Moralität.

Nimmt man diese Freiheit an, so konnte in allen Beispielen gezeigt werden, dass in den Maximen ein Widerspruch zu finden ist, dass dieser Widerspruch erst mit der Verallgemeinerung der Maxime auftaucht und ferner, dass der Unterschied in Bezug auf Natur und Freiheit in ihnen zu finden ist, womit die obigen Kriterien hinreichen erfüllt wären.

Es wurde also eine Unterscheidung angestellt, die nicht im Begriff des *Nicht-wollen-können* einen „schwächeren" Widerspruch sucht, sondern dem Begriff des *Nicht-denken-können* einen zusätzlichen Bezugspunkt nachweisen konnte.

---

[46] Höffe (1977), S. 383.
[47] Schöndorf (1985), S. 569.

4. Bibliographie

- Bielefeldt, Heiner (2001): Kants Symbolik. Ein Schlüssel zur kritischen Freiheitsphilosophie. Praktische Philosophie Bd. 69, München: Alber.

- Kant, Immanuel (1903): Grundlegung zur Metaphysik der Sitten. In: Kants gesammelte Schriften. Hrsg. von der Königlichen Preußischen Akademie der Wissenschaften. Bd. 4, Hrsg. von Paul Menzer. Berlin: Georg Reimer, S. 385-463.

- Höffe, Otfried (1977): Kants kategorischer Imperativ als Kriterium des Sittlichen. In: Höffe, Otfried (Hg.): Zeitschrift für philosophische Forschung Bd. 31. Meisenheim [Glan]: Anton Hain, S. 354-384.

- Schöndorf, Harald (1985): „Denken-Können" und „Wollen-Können" in Kants Beispielen für den kategorischen Imperativ. In: Baumgartner, Hans Michael/Höffe, Otfried (Hg.): Zeitschrift für philosophische Forschung Bd. 39. Meisenheim [Glan]: Anton Hain, S. 549-573.

- Thies, Christian (²2006):Wille/Entscheidung. In: Düwell, Marcus/Hübenthal, Christoph/Werner, Micha H. (Hg.): Handbuch Ethik. Stuttgart, Weimar: Metzler, S. 553-558.

- Wolff, Michael (2010): Der Begriff des Widerspruchs. Eine Studie zur Dialektik Kants und Hegels. Frankfurt [a.M.]: Frankfurt University Press.

Lightning Source UK Ltd.
Milton Keynes UK
UKRC021503150619
344475UK00007B/26